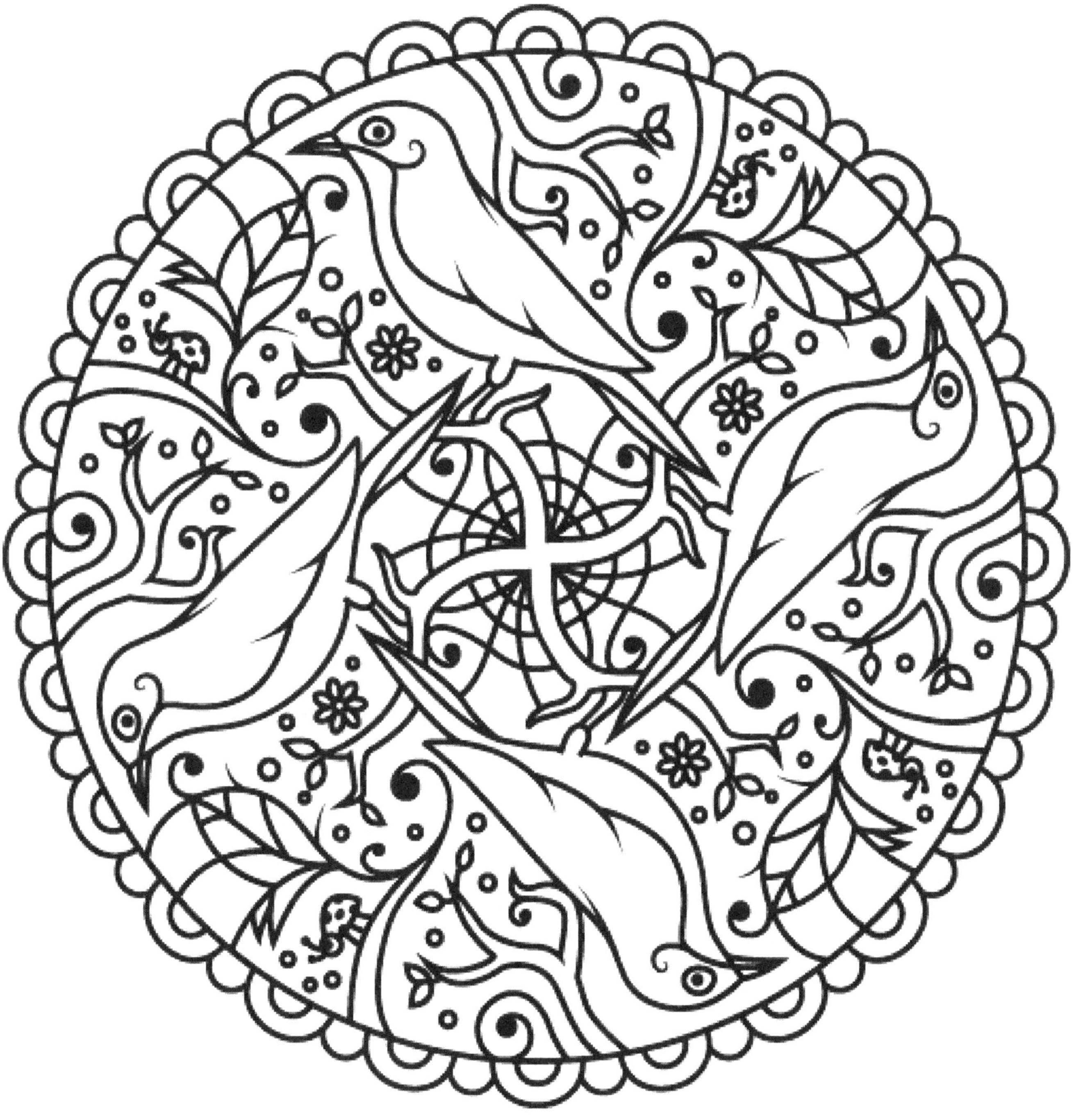

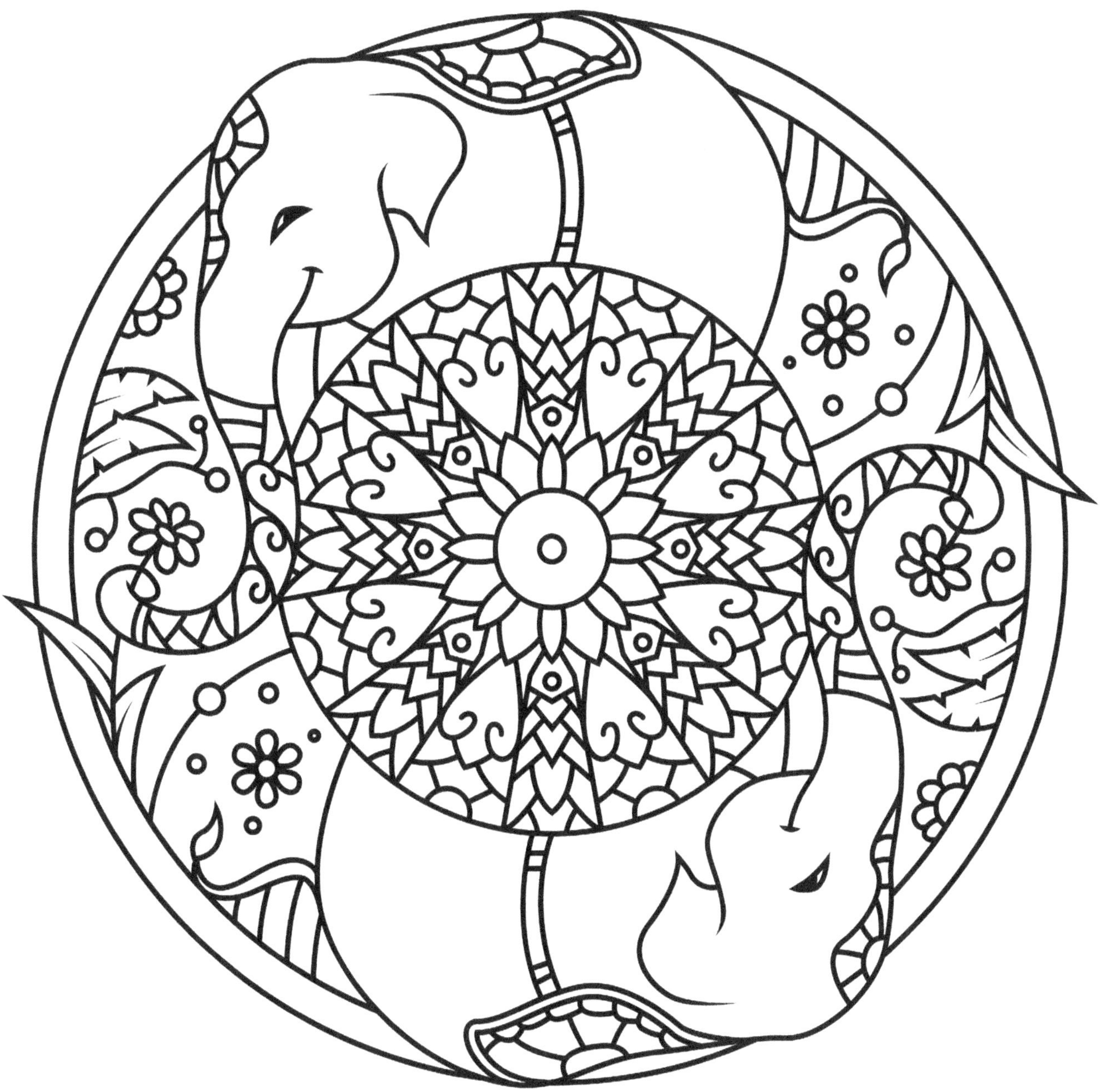

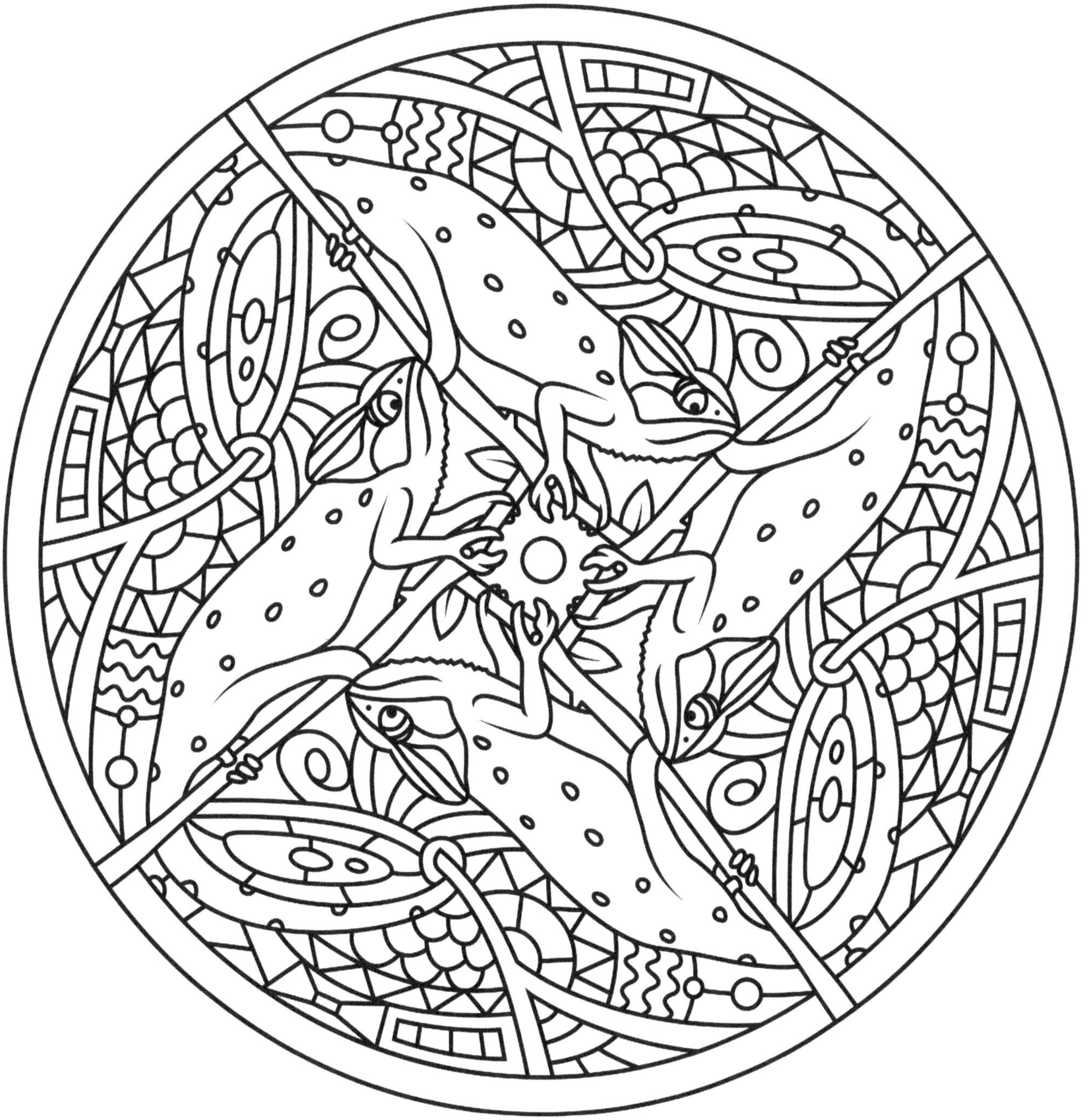

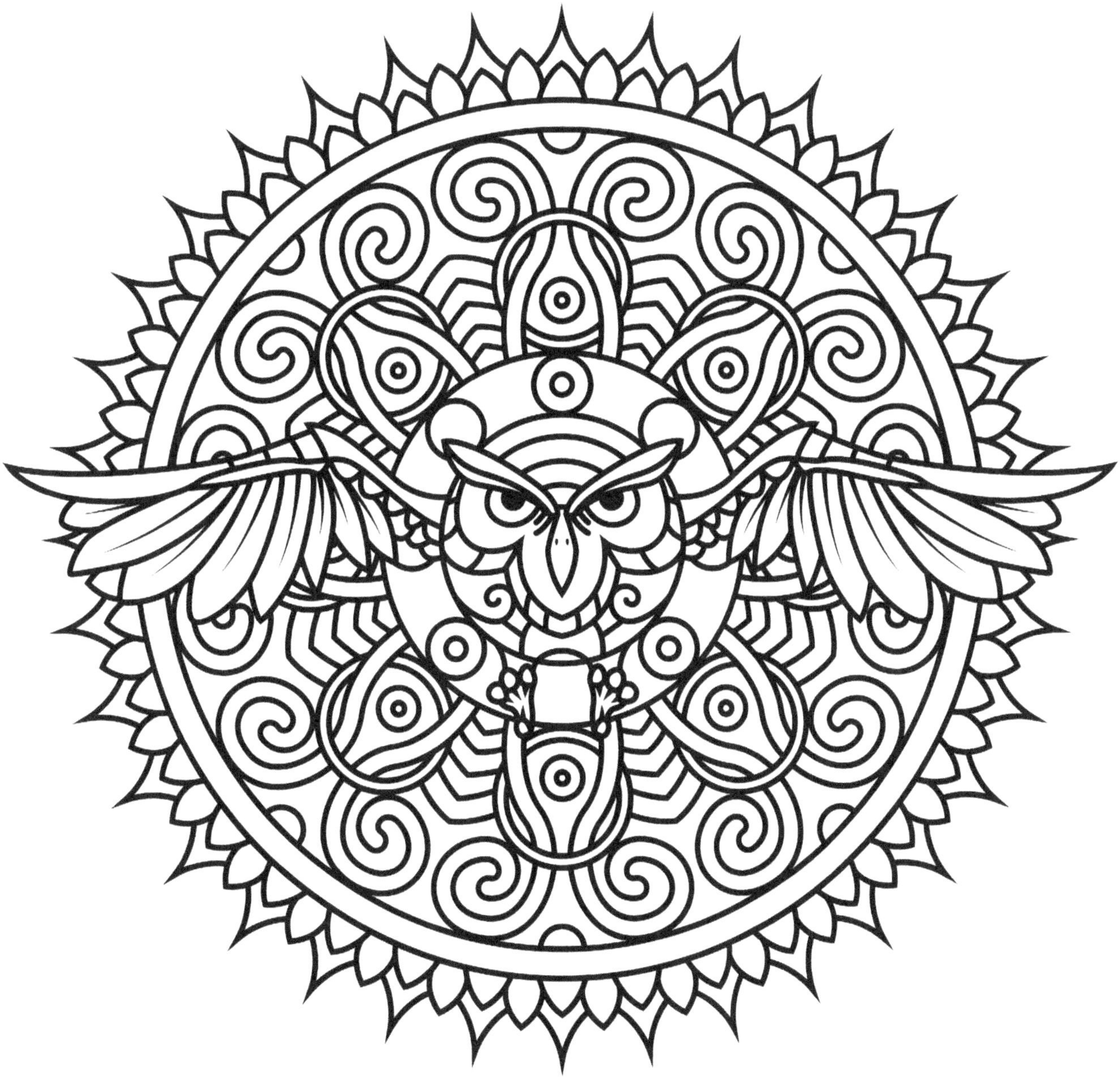

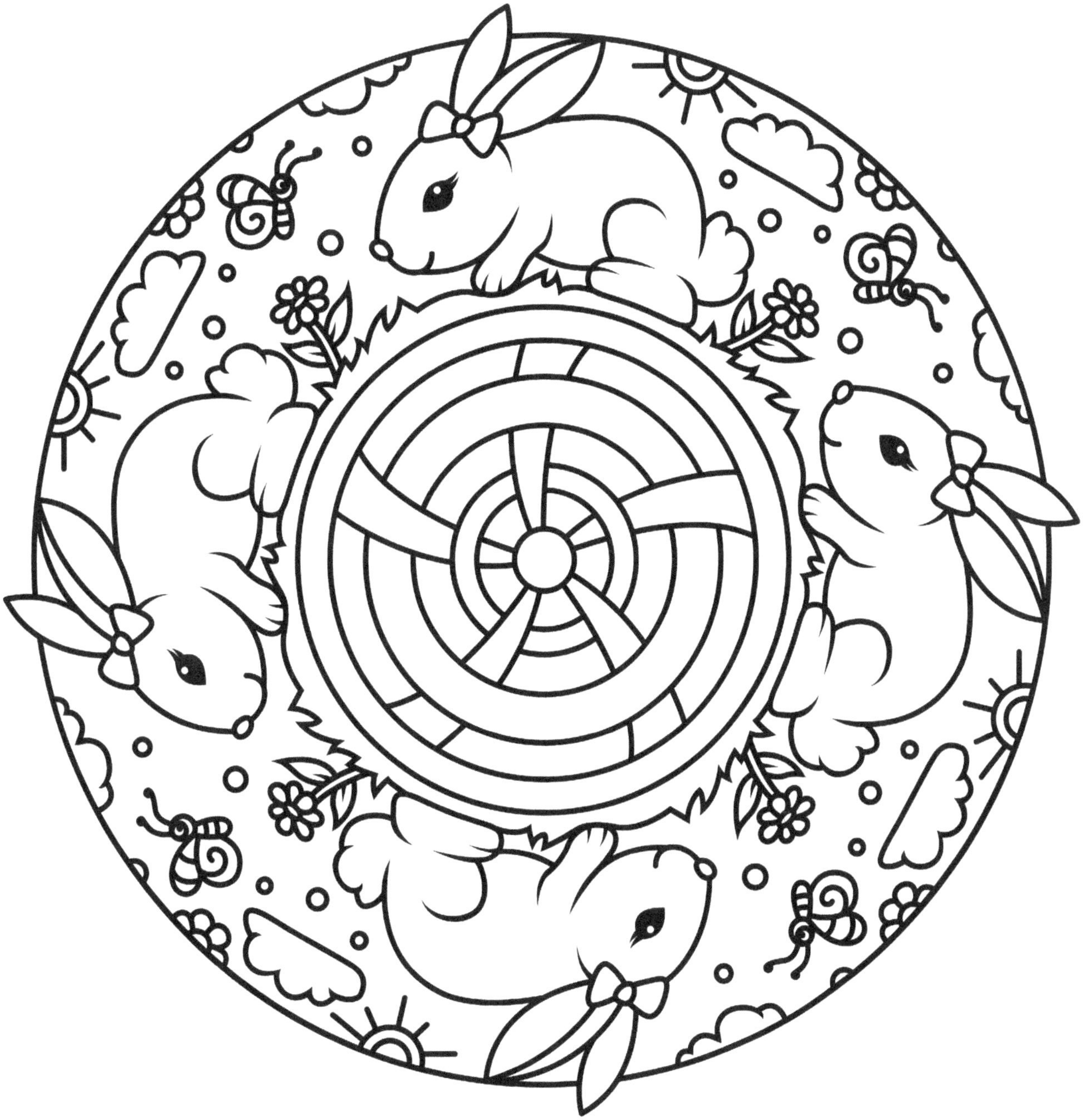

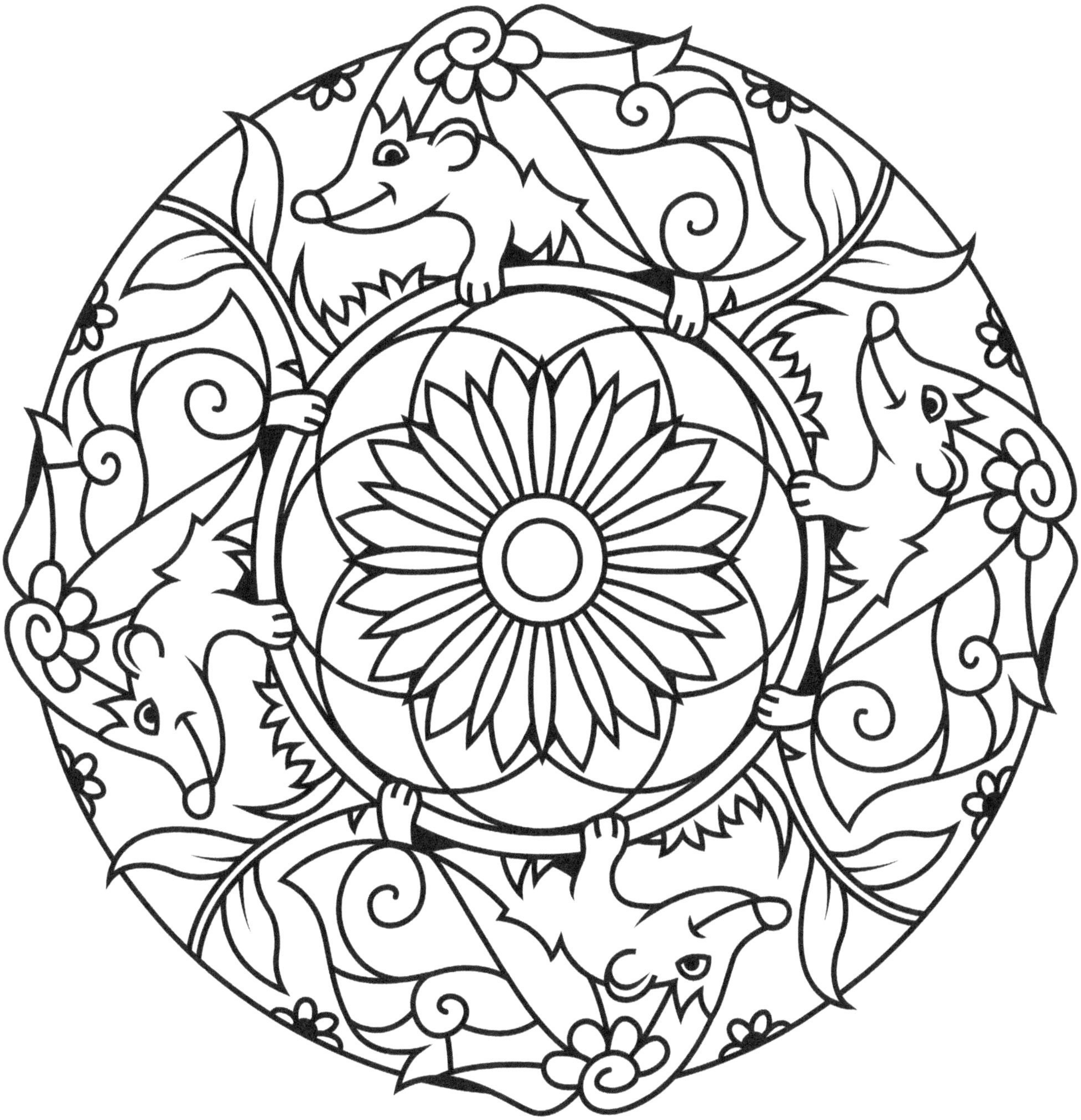

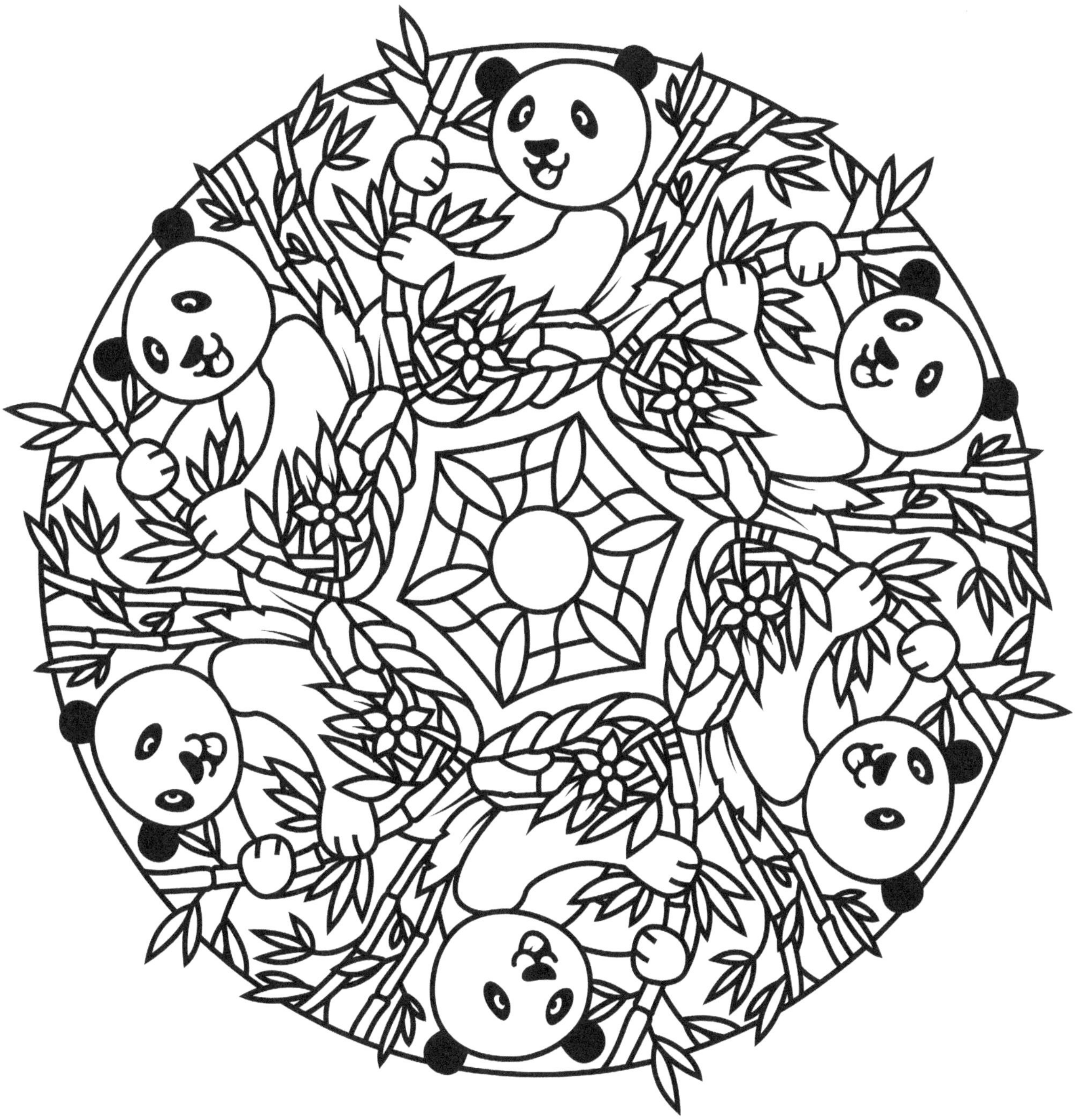

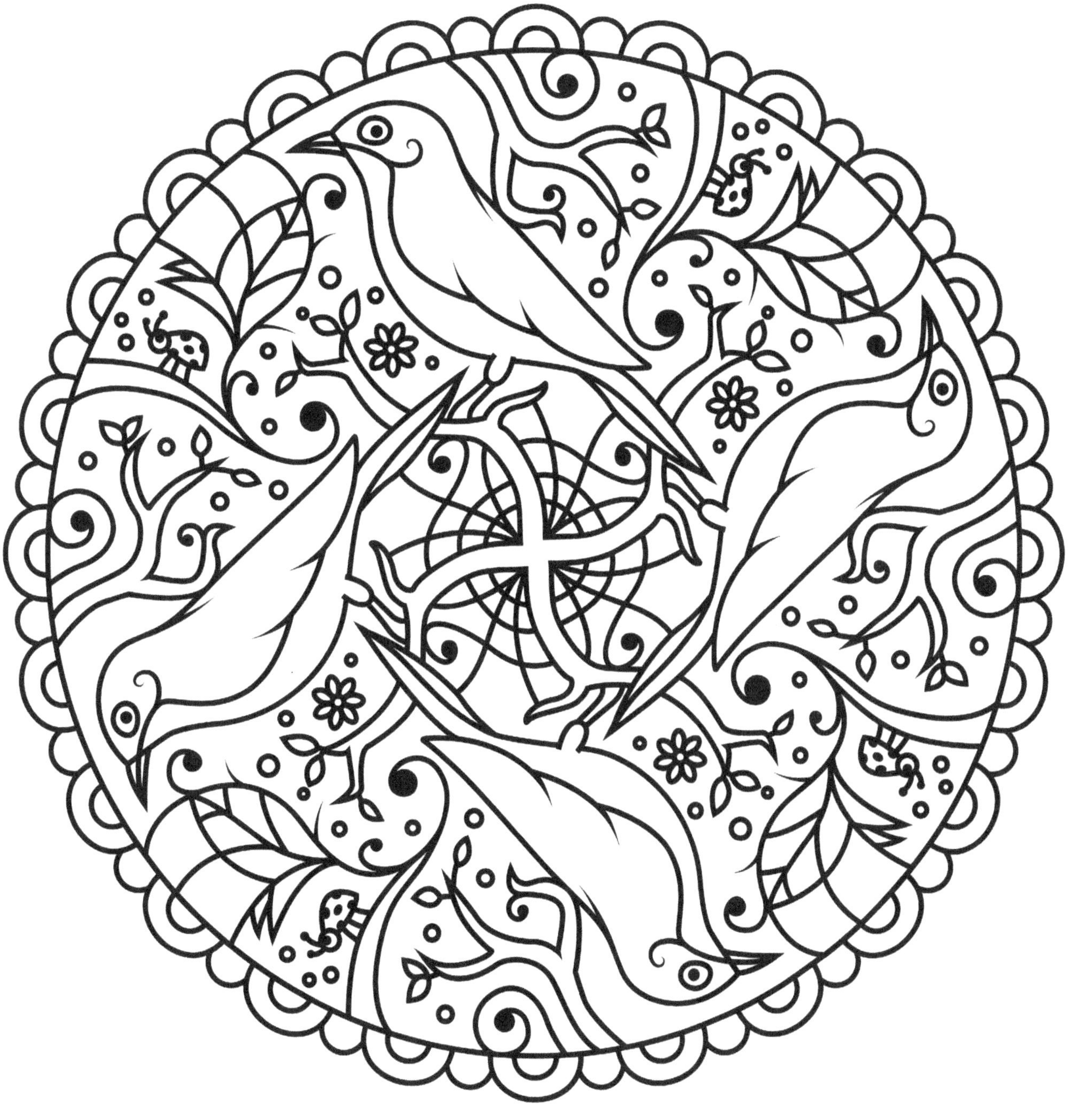

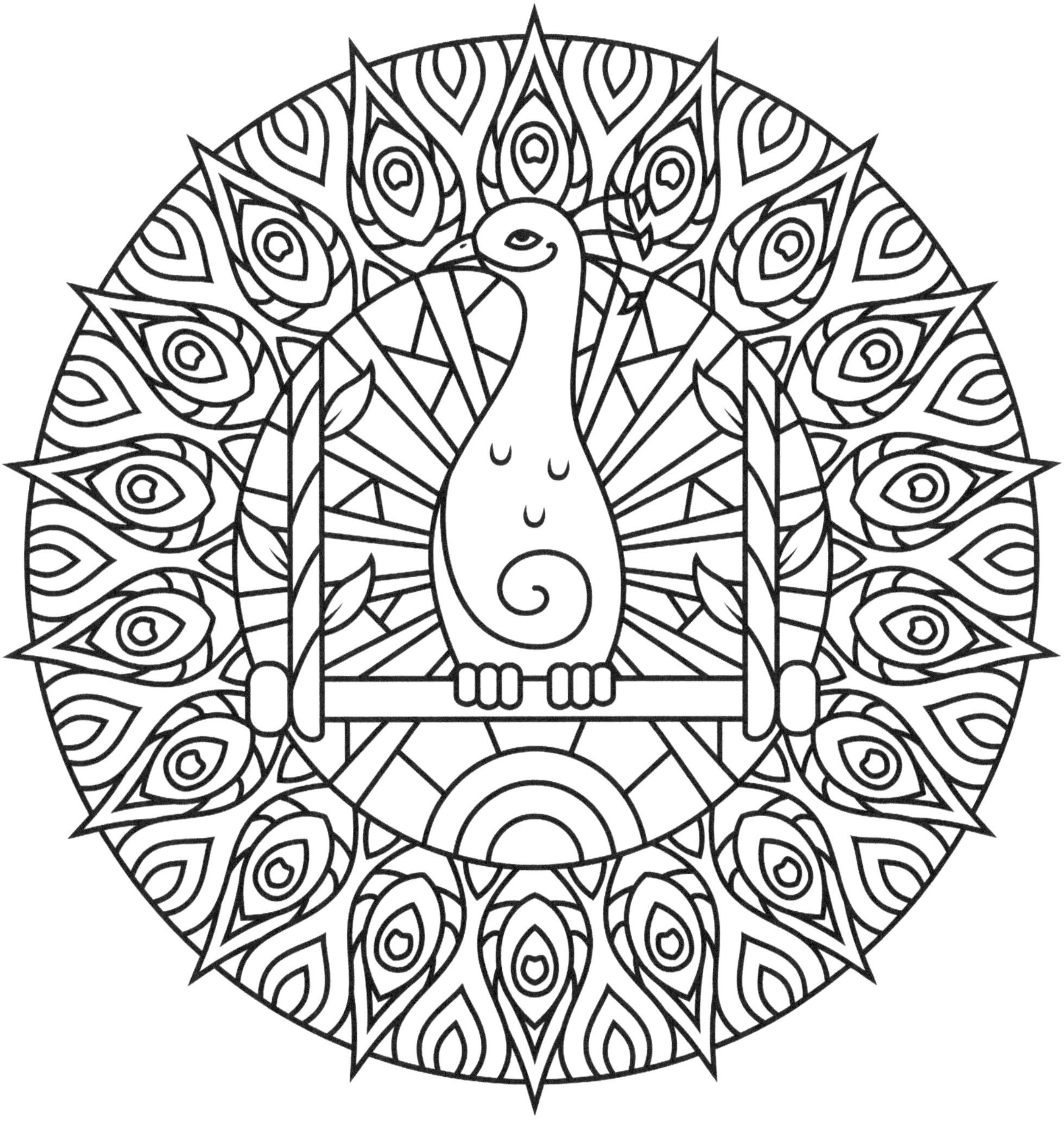

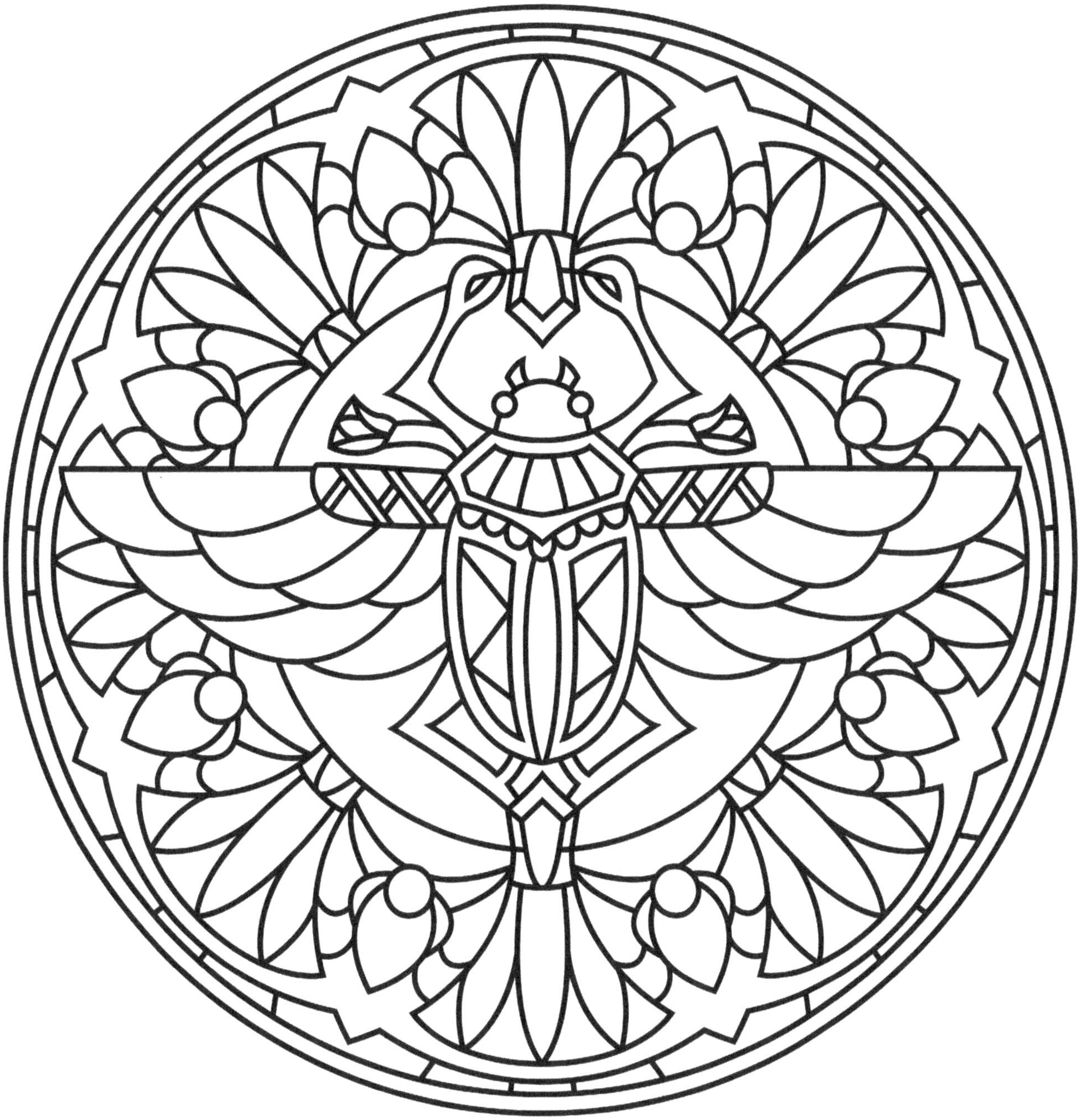

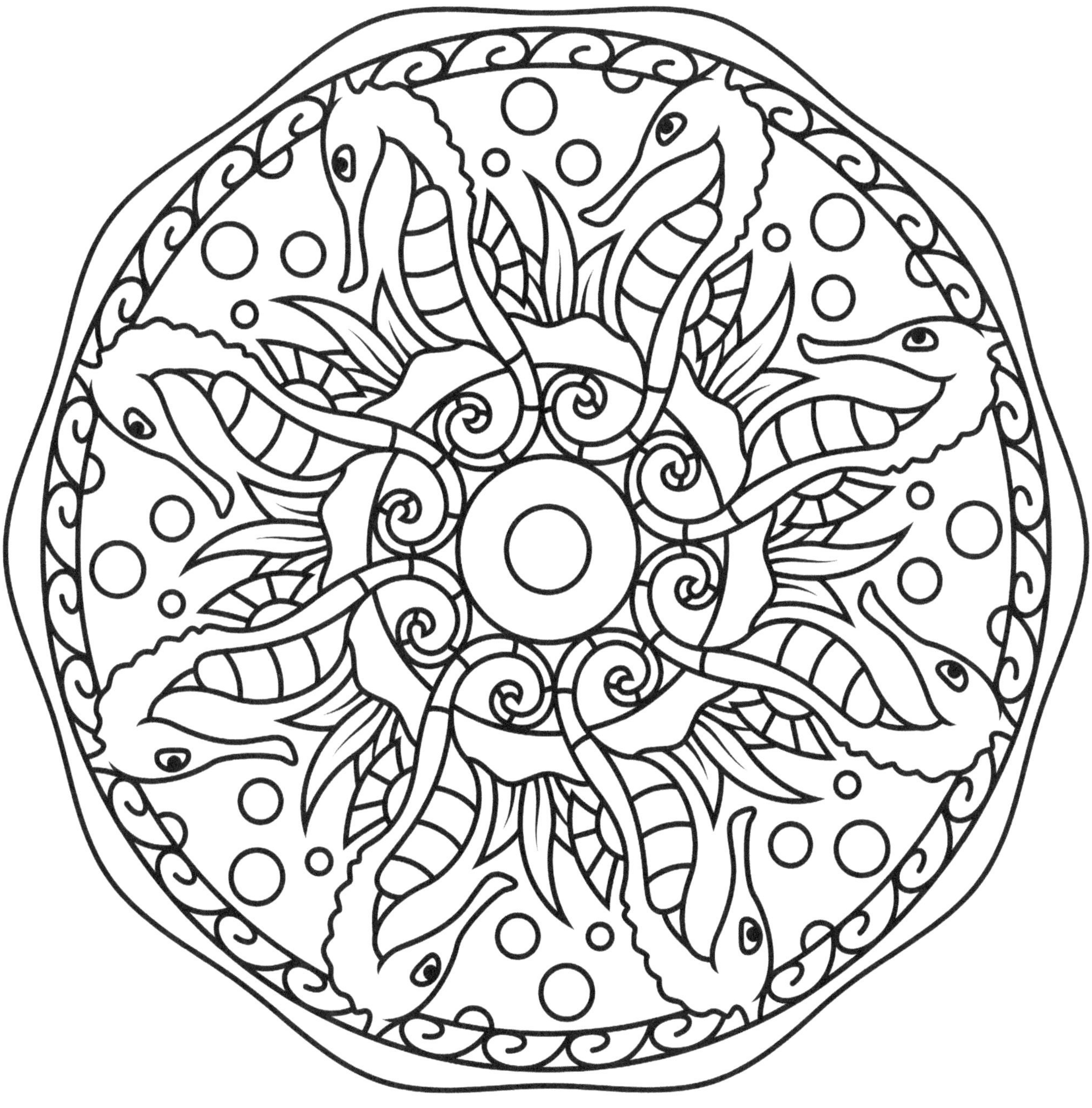

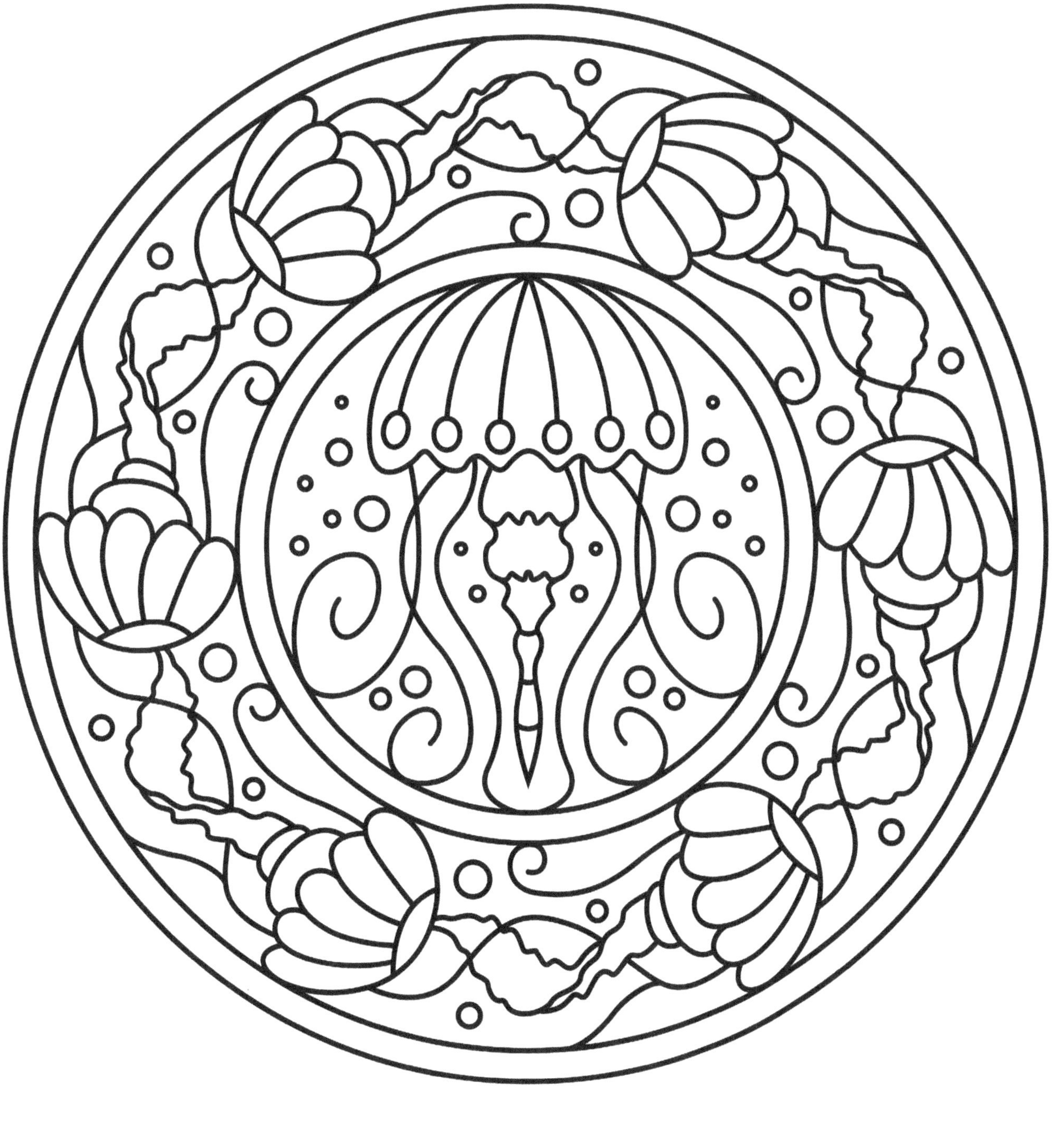

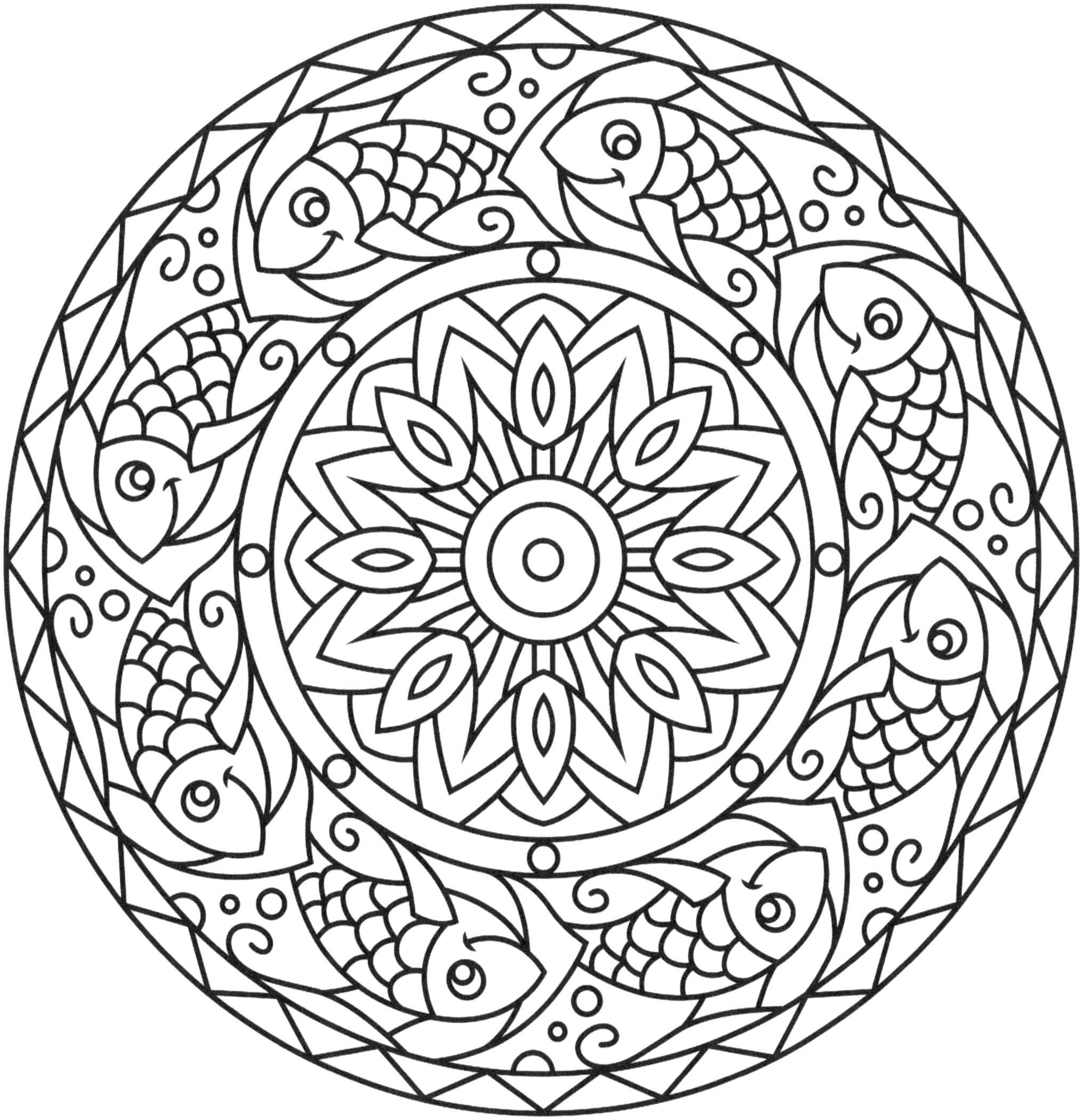

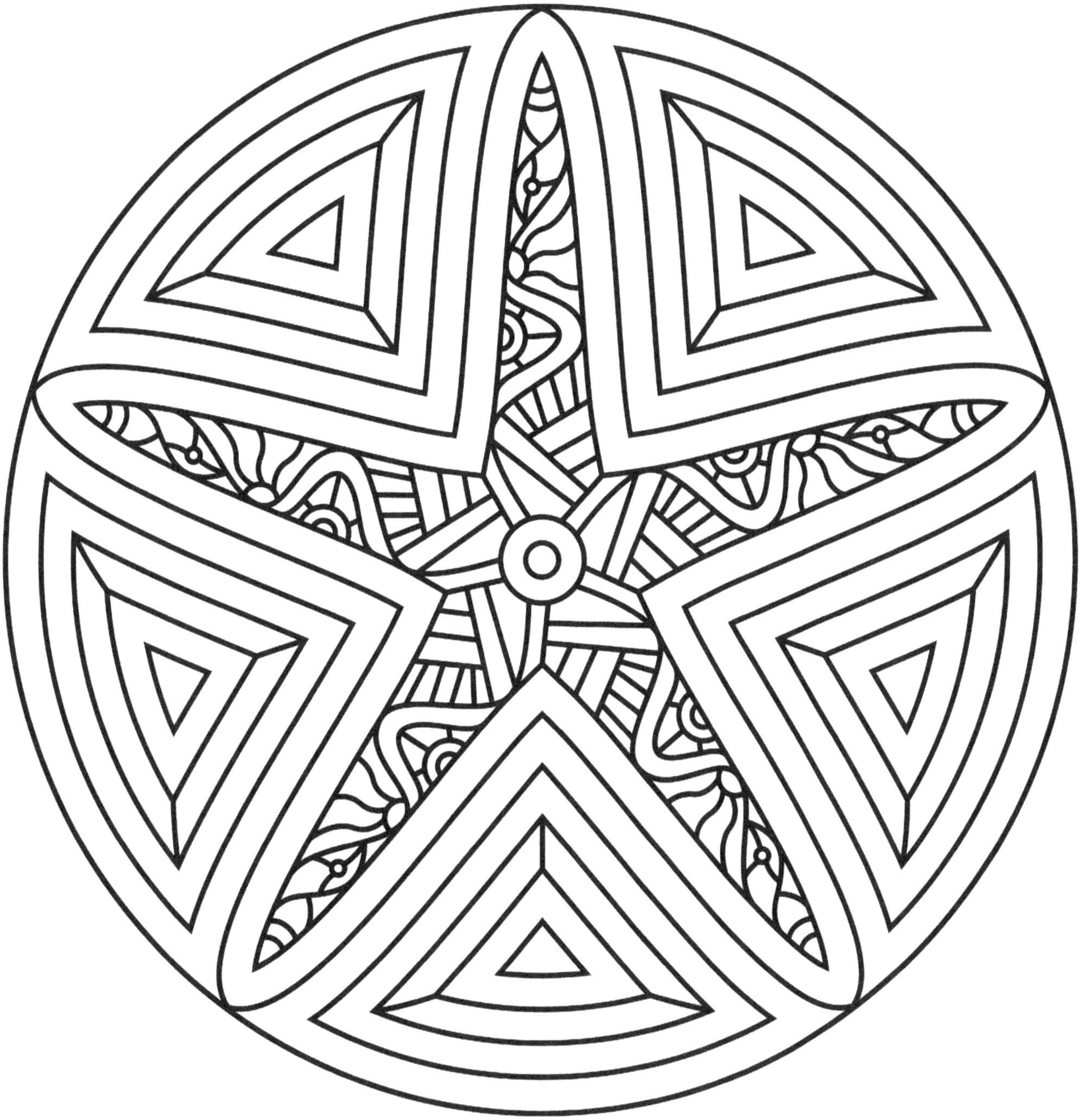

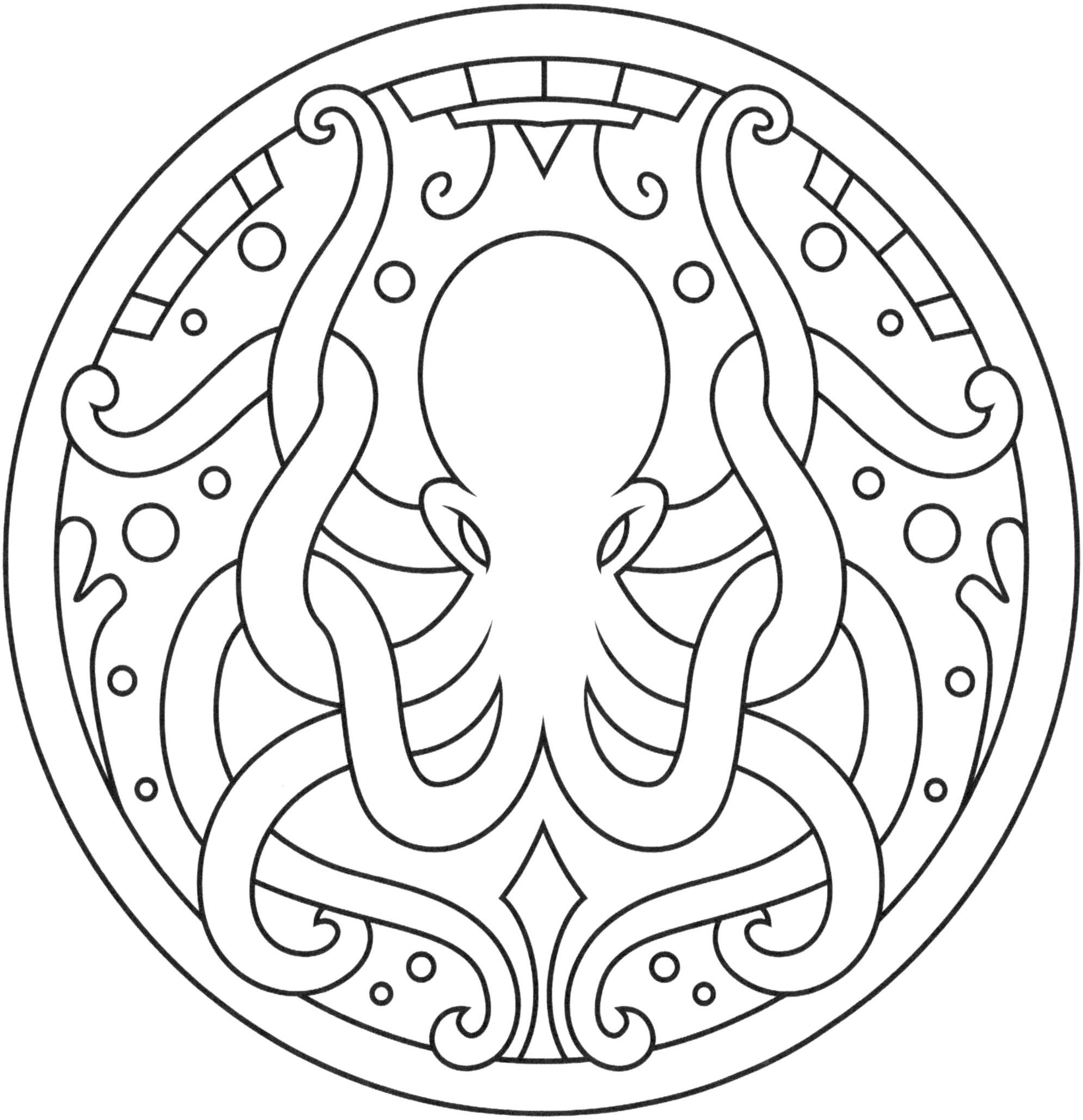

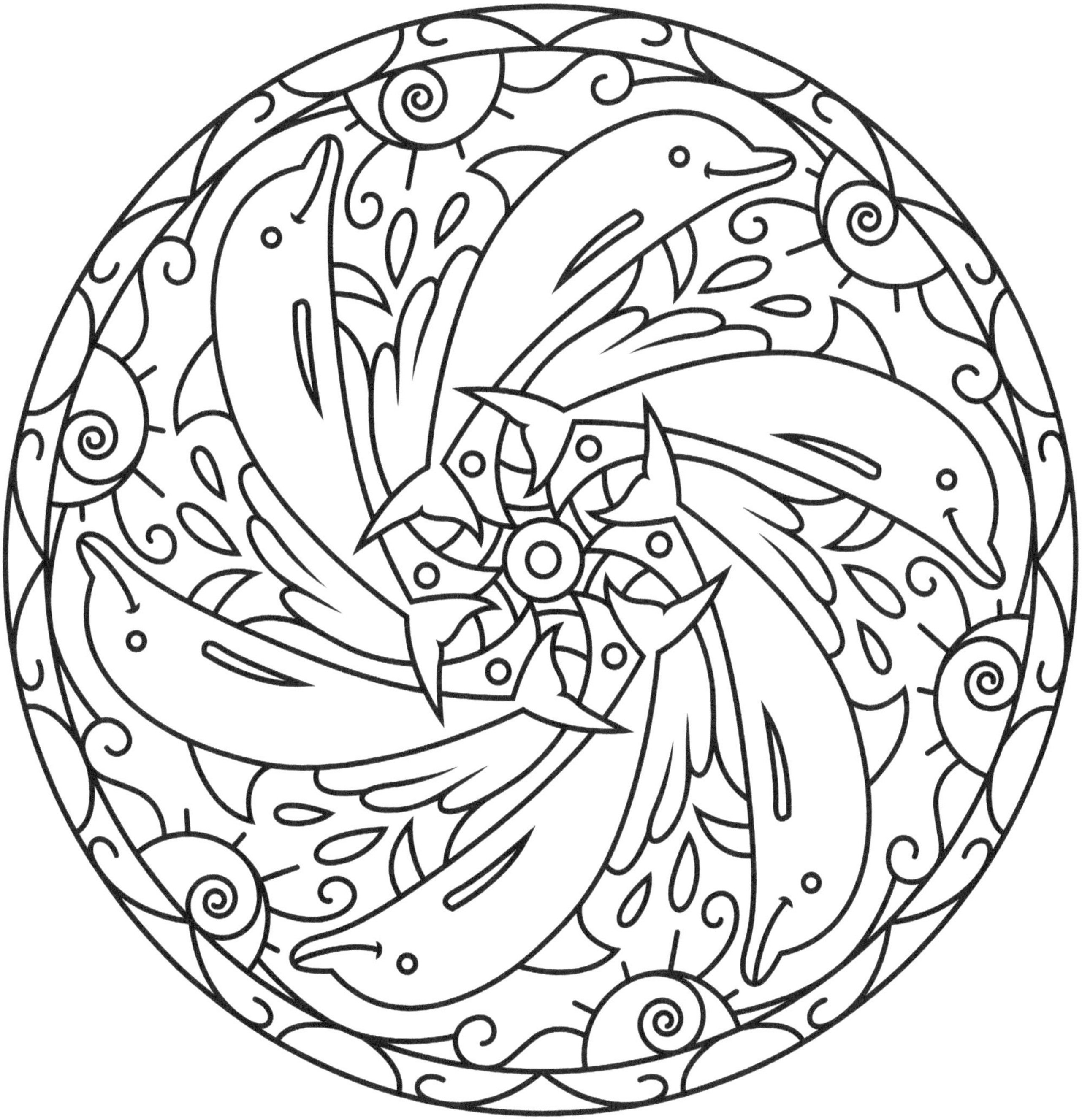

www.ingramcontent.com/pod-product-compliance
Lightning Source LLC
Chambersburg PA
CBHW081316180526
45170CB00007B/2737
* 9 7 8 1 5 4 6 8 4 6 7 7 2 *